名师讲堂码书码课系列

柳田牛/著

体育创意游戏 100个
—— 让孩子们一起玩到嗨

清华大学出版社
北京

内 容 简 介

本书是将适合儿童身心发展的体育游戏内容进行可视化开发,形成的一本有文字、有图、有二维码视频的实用性图书。书中包括9个分类100个游戏,既有与学生身体素质与全面发展有着重要作用的跑、跳、投类游戏,也有注重锻炼学生团结协作能力的合作类游戏和让学生去了解的民族传统体育游戏,还有针对雨雪或雾霾天气所开发的室内游戏。如果您对某一个游戏很感兴趣,只要扫一扫游戏的二维码,就可以很快学会这个游戏了。

本书适合中小学教师和家长带领适龄青少年儿童阅读学习。

本书封面贴有清华大学出版社防伪标签,无标签者不得销售。
版权所有,侵权必究。举报:010-62782989,beiqinquan@tup.tsinghua.edu.cn。

图书在版编目(CIP)数据

体育创意游戏100个:让孩子们一起玩到嗨/柳田牛著. —北京:清华大学出版社,2017(2025.3重印)
(名师讲堂码书码课系列)
ISBN 978-7-302-46788-5

Ⅰ.①体… Ⅱ.①柳… Ⅲ.①体育游戏 Ⅳ.① G898

中国版本图书馆 CIP 数据核字(2017)第 044002 号

责任编辑: 田在儒
封面设计: 牟兵营
插图设计: 毕瑞媛
责任校对: 李 梅
责任印制: 沈 露

出版发行: 清华大学出版社
    网 址: https://www.tup.com.cn, https://www.wqxuetang.com
    地 址: 北京清华大学学研大厦A座 **邮 编:** 100084
    社 总 机: 010-83470000 **邮 购:** 010-62786544
    投稿与读者服务: 010-62776969, c-service@tup.tsinghua.edu.cn
    质量反馈: 010-62772015, zhiliang@tup.tsinghua.edu.cn
印 装 者: 涿州汇美亿浓印刷有限公司
经 销: 全国新华书店
开 本: 110mm×185mm **印 张:** 4.5 **字 数:** 94千字
版 次: 2017年3月第1版 **印 次:** 2025年3月第16次印刷
定 价: 18.00元

产品编号:074765-01

《名师讲堂码书码课系列》
丛书编委会

主编

许晓艺　李玉平　雷　斌　付彦军

委员（按拼音排序）

陈国文　胡维森　贾小梅　刘海星
卢和琰　马巧燕　施玉昌　王昌胜
王俊莉　武丽志　熊仕荣　严国锋
叶　丹　臧季霞　张素爱　张先敏

丛书序

世界上一切美好的东西都有时间因素的存在！时间背后就是我们通常说的"功夫"。"即用即弃"的快餐文化永远无法成就经典！大到一块旷世宝玉，必是经历了漫长的自然沉积过程和长久的匠人雕琢，才最终温润成器、晶莹剔透；小到一粒米，只有经历了充足的阳光和时间，才能保证口感上乘、营养丰富。时间是匠人的心血，是大自然的鬼斧神工。

著书亦是如此！我们与李玉平、雷斌、付彦军老师联合推出的《名师讲堂码书码课系列》就是这样一套书。其中的每一本都凝结了作者在教育一线的长期探索和教学研究，都是时间的产物，也必然经得起时间的考验。我们认为，教师专业发展不仅需要教育专家的理念引领，更需要每一位教师个体及团体的反思和分享，这套"码书码课"就是源自对若干学校众多优秀教师、一线名师的经验萃取、知识整合和凝练提升，从而把个体的教育经验上升为可传播、可模仿、可习得的教育方法、教育策略、教育智慧。这是一个宝库，也是巨大的财富，对于我国基础教育事业的发展、教师队伍的成长进步具有十分重要的意义。

这套丛书叫"码书码课"，必然就不是传统的书。因为书中不仅有文字和图片，还有很多链接了外部世界的二维码，所以称为"码书"；二维码对应的是作者的视频微课程，因此又称"码课"。"码书码课"使得我们的丛书超越了传统意义上的印刷品，变成了"互联网+"的产物。透过书中的一个个二维码，读者可以浏览到我们精心制作的系列微课程。这些微课程凝聚了作者的经验和心血，因此书的价值也就进一步获得了提升。读书，不仅可以修身、明志，而且可以直接与作者对话，分享作者"做的经验"，二维码成为这套丛书连接读者和作者、读者与世界、理论与实践的工具，从而学习的体验可以更加的信息化、立体化、多媒化。

许晓艺
于华南师范大学
2017 年 1 月

序

从柳田牛的成长看互联网生态圈

2015年底,我们在深圳组织微课程公益培训班,为每位教师私人订制一套开发课程。

柳田牛是一名体育教师,决定开发100集体育游戏,并形成了开发框架与拍摄结构,在接下来的大半年时间里,他开发游戏、上传网络、制作码书、搞网络直播……才有了现在的成果。后来柳田牛也成了"网红"教师。与此同时,学校也在组织教师开发微课程,他自然成了骨干,帮助大家开发微课程。

我们正处在一个深度变革的时代,从柳田牛身上不难发现互联网背景下,教师成长、学校发展、教育发展的一些新走向。

柳田牛的成长大致经历了"目标定向""微课程开发""成果传播""成果运用"四个过程。

目标定向:基于个人优势,形成课程开发计划,然后具体到"100个游戏"这样的项目中——将个人成长目标锁定到一套具体的课程,在课程开发中成长,形成了"优势微课程"的"私人订制"成长通道。

微课程开发:开发课程整个工作的重点,微课程将引爆所有的变革。首先因为开发必然深度学习课程内容，因为录制视频自然要研究技术，因为要品质自然要研究脚本和技术……"开发课程"有了一种"高目标力量"，它需要跨界学习、需要深入思考、需要跳出教育看教育，成长呈现出一种"大境界"发展模型。

成果传播：视频要形成课程，课程要上传网络，要转化为码书，再加上直播，柳老师进入了"互联网＋"的世界，强大的自媒体让他成为"网红"，而这一切又形成新的"高目标力量"，传播也是成长。

成果运用：这套课程可以直接用于教师，给他们更直观的学习；可以组织学生观看，引发课堂或活动的变革；除了这些显性的成果，同时会沉淀下一种发展模型，一种互联网的思维方式，这种影响将是深远的。

现在我们已将这些成果转为二维码，建立了一条虚拟与现实的新通道，创造了一个新的智慧学习方式。

码书：将二维码放到书中，正如你现在阅读时看到的二维码。

码卡：将学习策略制作成小卡片，附上具体的策略操作二维码，扫开能直观地看到策略的操作。

试卷码：考试卷附上习题辅导的二维码，哪个不会扫哪个。

海报码：学生小专家的海报上附上二维码，扫开可以看到小专家教你如何学习。

选课码：每个社团都有一个社团介绍的二维码，将这些码汇总到一张海报上，学生选择社团时，只需要扫开便可以看到介绍视频。

校园码：校园里的建筑物、植物边上都会有二维码，扫开会看到相关的介绍或此地发生的故事。

……

微课程解决了资源,二维码解决了通道,手机解决了工具——它会让纸质阅读与网络阅读彼此嵌入,文字阅读与视频欣赏融于一体,物理世界与网络世界边缘弱化,一种新的学习生态圈在形成。

李玉平

2017年1月

目录

队列类游戏

1. 老师说 ………… 3
2. 紧急集合 ………… 4
3. 机智反口令 ………… 5
4. 趣味报数 ………… 6
5. 你说我做 ………… 7

奔跑类游戏

6. 穿过小树林 ………… 11
7. 春种秋收 ………… 12
8. 迎面接力赛 ………… 13
9. 长江、黄河 ………… 14
10. 捕鱼 ………… 15
11. 贴膏药 ………… 16
12. 叫号跑 ………… 17
13. 贴报纸跑 ………… 18
14. 十字接力跑 ………… 19
15. 换物接力赛 ………… 20
16. 搬地雷 ………… 21

17. 营救 ············ 22

18. 背向起跑比赛 ····· 23

19. 单双数追击 ·········· 24

20. 追目标 ············ 25

21. 喊号扶棍 ············ 26

跳跃类游戏

22. 赶鸭子 ············ 29

23. 快快跳起来 ············ 30

24. 8字跳长绳 ············ 31

25. 多人跳长绳 ············ 32

26. 跳绳捡物 ············ 33

27. 跳绳接力赛 ············ 34

28. 夹球入筐 ············ 35

29. 袋鼠跳 ············ 36

30. 单脚跳接力 ············ 37

31. 跳背接力 ············ 38

32. 夹垫跳跃 ············ 39

33. 猜拳跳圈 ············ 40

34. 胜进败退 ············ 41

灵敏柔韧类游戏

35. 角力拉人 …………… 45
36. 你推我让 …………… 46
37. 冲出封锁区 …………… 47
38. 击龙尾 …………… 48
39. 套圈比快 …………… 49
40. 渡河 …………… 50
41. 乾坤大挪移 …………… 51
42. 抓尾巴 …………… 52
43. 蚂蚁运物 …………… 53
44. 切西瓜 …………… 54
45. 绕人追击 …………… 55
46. 翻圈前进 …………… 56
47. 推小车 …………… 57

球类游戏

48. 抱球跑接力 …………… 61
49. 四角篮球 …………… 62
50. 夹球运宝 …………… 63
51. 运球接力 …………… 64
52. 投球入筐 …………… 65
53. 运球截击 …………… 66
54. 夹球接力 …………… 67

55. 保龄球 …………… 68

56. 滚轮胎运球 ………… 69

57. 胯下传球接力 ……… 70

58. 三角障碍跑 ………… 71

59. 掷准比赛 …………… 72

合作类游戏

60. 抢滩渡河 …………… 75

61. 不倒森林 …………… 76

62. 步调一致 …………… 77

63. 同起同坐 …………… 78

64. 乒乓接龙 …………… 79

65. 无敌风火轮 ………… 80

66. 车轮滚滚 …………… 81

67. 多人多足 …………… 82

68. 开火车 ……………… 83

69. 毛毛虫 ……………… 84

70. 螃蟹行走 …………… 85

71. 齐心协力 …………… 86

72. 突围 ………………… 87

73. 竹竿舞 ……………… 88

74. 齐眉棍 ……………… 89

75. 骑"车"竞赛 ……… 90

76. "火车"赛跑 ……… 91

热身类游戏

77. 领头羊 ………… 95
78. 听数抱团 ………… 96
79. 木头人 ………… 97
80. 理财专家 ………… 98
81. 口香糖 ………… 99
82. 抢车位 ………… 100
83. 松鼠与大树 ………… 101
84. 蹲下与起立 ………… 102
85. 解手链 ………… 103

室内游戏

86. 猜猜谁是领头人 ………… 107
87. 传秘密口令 ………… 108
88. 大小西瓜 ………… 109
89. 明7暗7 ………… 110
90. 萝卜蹲 ………… 111
91. 写字比快 ………… 112
92. 抓住机遇 ………… 113
93. 前方有难 后方支援 ………… 114
94. 击掌传物 ………… 115

民族传统类游戏

95. 编花篮 ·············· 119

96. 滚铁环 ·············· 120

97. 小小角斗士 ············ 121

98. 拔河 ·············· 122

99. 象步虎掌 ············ 123

100. 大城小城 ············ 124

后记 ························ 125

体育创意游戏100个
——让孩子们一起玩到嗨

队列类游戏

1 老师说

你可以收获：

锻炼学生的反应能力，提高学生注意力。

可以这样玩：

游戏开始后，教师发出口令，若此口令包含"老师说"三个字，则为有效口令，学生要做出对应的动作；若没有"老师说"三个字，则需继续保持上一个动作不能动。三轮游戏，看谁能够坚持到最后。

请你遵守：

（1）游戏过程中，学生不能有其他动作。

（2）如果做错动作，则需蹲下或为大家表演节目。

适用年级：

小学高年级、中学。

2 紧急集合

你可以收获：

培养学生遵守纪律的习惯和快速站队的能力。

可以这样玩：

学生成 4 排横队站好。教师发出"散开"的口令后，全体学生立即散开，分散在指定的区域内自由活动；或者由教师带领学生做各种模仿动作。当听到"集合"的口令后，全体学生立刻到原来位置迅速站好队。以站队快、静、齐的队为胜。

请你遵守：

（1）必须按照规定的口令散开活动或集合站队。

（2）"散开"口令发出后，不得聚集在原地等着站队。

适用年级：

小学低年级。

3 机智反口令

你可以收获：

培养学生的灵敏素质，提高队列动作的准确性。

可以这样玩：

游戏者围成圈。游戏开始，教师指定任意一个人沿逆时针或顺时针方向开始游戏，第一个人说："立正！"同时做稍息的动作。第二个人应接着说："稍息！"同时做立正的动作。第三个人应接着说："向左转！"同时向右转。第四个人接着说："向右转！"同时向左转。如此交替进行。如果某个人发生错误，必须为大家表演一个节目。然后从发生错误的人开始，继续游戏。

请你遵守：

（1）讲话与动作必须同时进行。

（2）前后两人之间不能停顿时间过长，否则为失败。

适用年级：

小学中、高年级。

4 趣味报数

你可以收获：

培养学生的灵敏素质，提高报数的趣味性以及队列队形的准确性。

可以这样玩：

学生成四列横队站好。游戏可以分三轮进行，第一轮，用英文字母报数，第一个同学报A，紧接着后面的同学依次报B、C、D……第二轮，用英语数字进行报数，第一个同学报"one"，紧接着后面的同学依次报two、three、four……第三轮，用汉语拼音字母报数，第一个同学报a，后面同学依次报o、e、i……报数要求摆头迅速，声音洪亮，有停顿或报错则为失败，给其他同学表演一个小节目。

请你遵守：

（1）前后两人之间不能有明显停顿。

（2）报数的同学声音清晰、洪亮。

适用年级：

小学高年级、中学。

5 你说我做

你可以收获：

培养学生的灵敏素质，提高队列动作的准确性。

可以这样玩：

学生两人一组，面对面站立。游戏开始后，由其中一人先喊口令，另外一人做其他的动作，例如，一人喊出"立正"口令时，对面的同学可做出"稍息"或"向左转"等某一个动作，但听到口令后须立即做出动作，不能有停顿。如果做出跟口令一样的动作则算失败。

请你遵守：

喊口令与做动作的同学都应快速进行。

适用年级：

小学中、高年级。

奔跑类游戏

6 穿过小树林

你可以收获：

培养学生变向跑的能力和克服困难的精神。

可以这样玩：

将学生分成人数相等的四队，成四列横队站好，前后距离两步、左右间隔两臂。发令后，各队排头开始依次蛇形绕过本队的每一名同学，然后直线快速跑回自己的位置并拍第二名同学的手，第二名同学从排头开始依次蛇形绕过，再拍第三名同学的手，依次进行，看哪组最先完成。

请你遵守：

（1）不能碰到同学。

（2）先回到自己位置再拍手。

适用年级：

小学低、中年级。

7 春种秋收

你可以收获：

发展学生的速度和敏捷性，培养其协调能力。

你需要准备：

沙包，铁环。

可以这样玩：

将学生分成人数相等的两个队，分别站在同一条端线上。游戏开始时，每队第一人手持沙包跑出，把"种子"依次放于铁环内，完成"春种"，跑回与第二人击掌回队尾。第二人迅速跑出将沙包收起跑回起点交与下一人，完成"秋收"。这样依次完成，最先完成的队伍为胜。

请你遵守：

（1）种子必须放在指定地点，中途掉下必须在落地处捡起继续游戏。

（2）要遵守规则，不得越线。

适用年级：

小学低、中年级。

8 迎面接力赛

你可以收获：

提高学生奔跑能力，有助于掌握迎面接力交接棒的技术动作。

可以这样玩：

学生分成人数均等的两队，一队分成两组面对面站立，两组之间间隔20m，两队排头的同学手拿一根接力棒。游戏开始后，排头同学跑出将接力棒交给同组下一位同学（从该同学身体右侧交棒），然后依次进行迎面接力，计最后一名同学完成后的总时间，用时最少的队伍获胜。

请你遵守：

（1）接力的同学须站在起跑线后面，接棒后再跑出。

（2）中途掉棒的同学捡起接力棒后继续进行。

适用年级：

小学中、高年级。

9 长江、黄河

你可以收获：

培养学生机智、果断和诚实的品质，提高学生奔跑和躲闪的能力。

可以这样玩：

把学生分成男、女两队，背对背站在一条中线的两端，一队称为"黄河"，另一队称为"长江"。游戏开始，教师喊"长江"，"长江"队迅速向安全线跑去，"黄河"立即追赶"长江"，在安全线前拍着对方得1分。如果教师喊"黄河"，则"黄河"队转身跑出，"长江"队追。进行几次以后，以得分多的队为胜。

请你遵守：

（1）被追的队不能越过中线或者满场乱跑，否则判对方得分。

（2）追的队不能推人、拉人。

适用年级：

小学高年级、中学。

10 捕鱼

你可以收获：

培养学生协同一致、团结协作的精神，提高学生的灵敏性和奔跑能力。

可以这样玩：

学生分散站在篮球场（池塘）内，从学生中选出4～6人作"捕鱼人"，其余学生作"鱼"，分散在"池塘"里。发令后"捕鱼人"进入"池塘"，手拉手作渔网去捕"鱼"，被围住的就算被捉住了。被捉住的学生立即参加捕"鱼"，与"捕鱼人"拉起手来去捕其他的"鱼"。直到把所有的"鱼"全部捕完，或者剩少数"鱼"时为止。

请你遵守：

（1）"鱼"不能跑出"池塘"；"鱼"被围不能用力冲破网逃跑，但是可以趁机从空隙钻出去。

（2）"捕鱼人"手松开就算网破，"鱼"可以自由出入。

（3）"捕鱼人"只能手拉手去围捕，不能拉人、推人。

适用年级：

小学高年级、中学。

11 贴膏药

你可以收获：

发展学生的奔跑能力，锻炼全身的协调性。

可以这样玩：

学生站成双层圆圈，左右间隔两臂，前后学生身体靠近。先由两名学生开始，一人为追人者，另一人为被追者。当被追的人即将被摸到或者不再想要逃奔时，从外圈钻入内圈，并以自己背部紧贴任意一组学生的身前，临时造成三人重叠的一组，此时这三人重叠一组最外层的人应立即代替贴在前面的人成为被追逐者。凡在被追逐者已经组成三层小组之前未被摸着者，原来的被追者为安全，追逐者必须开始追最外层的另一人（即第三人），使圆圈上的双层队伍始终保持双人。

请你遵守：

（1）被追人必须沿圈外奔跑，不得穿过圆圈。

（2）凡以手摸到被追者即为追上，此时追者与被追者互换角色，游戏重新开始。

适用年级： 小学中、高年级。

12 叫号跑

你可以收获：

发展学生的下肢力量及奔跑能力，培养学生的灵敏素质。

可以这样玩：

学生排成四列横队站好，前后、左右间隔2m对齐。从排头开始报数，每位同学记住自己所报的数字。游戏开始后，教师任意喊出一个数字，代表这个数字的同学迅速跑出，绕过本队所有同学然后回到自己的位置，看哪位同学最先到达。

请你遵守：

（1）必须绕过本队每一位同学，否则犯规。

（2）其他同学不得途中进行干扰或阻挠。

适用年级：

小学低、中年级。

13 贴报纸跑

你可以收获：

发展学生的下肢力量及奔跑能力，有助于学生掌握快速跑的方法。

你需要准备：

30cm×30cm 的报纸若干。

可以这样玩：

学生成一列横队站在起跑线前，每位同学拿一张 30cm×30cm 的报纸贴在胸前。游戏开始，学生快速向前跑出，双手摆臂，眼睛看前面，看哪位同学在报纸不落地的情况下最先到达终点。

请你遵守：

（1）向前跑出的过程中，报纸不得落地。

（2）不得抢跑。

适用年级：

小学低年级。

十字接力跑

你可以收获：

提高奔跑速度，培养学生互相合作的精神。

可以这样玩：

首先在场地中央画一个直径10~15m的圆圈，通过圆心再画两条互相垂直的线组成一个"十"字，十字线延长到圈外1m，作为起跑线。将游戏者分成人数相等的四队，在圈内成单行站在十字线上，各自面向圈外的起跑线。各排头手持接力棒站在起跑线后。教师发令后，各队第一人沿圆圈按逆时针方向奔跑，在第一人将要跑完一圈回到起跑线时，将棒交给第二人，自己站在本队队尾，第二人则继续奔跑。依次进行，以先跑完的队伍为胜。

请你遵守：

（1）奔跑时不得跨进圆圈或踏线。

（2）如果接力棒掉在地上，必须捡起再跑。不允许抛棒。

（3）超越别人时，必须从右边绕过，不得推人、撞人。

适用年级：

小学高年级、中学。

15 换物接力赛

你可以收获：

培养学生认真负责的精神，提高学生的奔跑能力。

你需要准备： 4个沙包、4个实心球。

可以这样玩：

在场地上画一条起跑线，于线前10~15m处并排画若干圆圈（也可以用桶代替），每个圆圈间隔3m。圈内放一个沙包，学生分成人数相等的几路纵队，正对圆圈站在起跑线后，各队排头手持一个实心球。发令后，各队排头迅速跑向本队前面的圆圈，将实心球放在圆圈内，拿起圆圈里的沙包跑回本队交给第二个人后，自己站到队尾。第二个人按上述方法进行，用沙包换回实心球。依次进行，以先跑完的队伍为胜。

请你遵守：

（1）必须拿到交换的物件后才能起跑。

（2）交换物必须放在圆圈内。

适用年级： 小学低、中年级。

16 搬地雷

你可以收获：

发展学生的协调、奔跑的能力，培养克服困难的心理素质。

你需要准备： 6个实心球。

可以这样玩：

学生按人数平均分成两组，在起跑线后站立。两组的排头同学每人拿3个实心球。在终点处画两个直径为2m的圆，作为弹药库。游戏开始后，两组排头同学迅速出发，把实心球放在弹药库内，迅速返回，在起点拍下一位同学的手后，另外一位同学再开始跑向弹药库，把3个实心球运回起点再交给下一位同学，游戏继续进行。直到最后一名同学返回起点时，游戏结束。以最后一名同学通过起点的先后判别名次。

请你遵守：

（1）必须把实心球都放在弹药库内。

（2）跑的途中如实心球发生掉落则由本人捡起后再跑。

适用年级： 小学中、高年级。

17 营救

你可以收获：

发展学生的灵活性和快速反应能力,培养学生合作意识。

可以这样玩：

学生按人数分成3组。限定一块平坦的场地,画一个直径为2m的圆作为限制区。游戏开始后,一小组抓人,另外两个组的同学跑。每抓到一个同学后,就放在限制区里,不得出圈,其他未被抓到的同学可以拍手去营救,但不得进圈,每次只能营救一人,直到把全部人抓住为止。

请你遵守：

(1)被追者被拍到即为被抓。

(2)被抓者不得出限制区。

适用年级：

小学高年级、中学。

18 背向起跑比赛

你可以收获：

提升学生的反应速度和奔跑的能力。

可以这样玩：

学生按实力分成若干个小组，在起跑线后站立。当听到"各就位"的口令后，第一组的同学上跑道，在起跑线前背对跑的方向用蹲踞式姿势准备好。当听到"预备"口令时，臀部抬起，做好跑的准备。当听到"跑"的口令后，迅速向反方向跑。最先到达终点的同学获胜。

请你遵守：

每名学生必须听口令起跑，不得抢跑。

适用年级：

小学中、高年级。

19 单双数追击

你可以收获：

培养学生的反应速度和奔跑能力。

可以这样玩：

学生按人数平均分成两组，在中线后1m处两组相对站立。其中一组组号为单数，另一组为双数。当听到教师喊单数时，单数的一组同学迅速出发，去追双数的同学，而双数的同学应立即向后跑，避免让单数的同学抓到，直到跑出安全线为止。当听到教师喊双数时，游戏反向进行。

请你遵守：

（1）用手拍到被追逐者即为抓到。

（2）安全线的距离根据实际情况调整。

适用年级：

小学中、高年级。

20 追目标

你可以收获:

培养学生短距离及冲刺跑的能力,发展学生下肢力量。

你需要准备:

1个篮球。

可以这样玩:

学生成一列横队站在起点线后面,左右间隔一定距离。教师站中间,手持一个篮球。游戏开始后,教师向终点线方向抛出篮球,同时吹哨,学生听到哨声迅速跑出去追篮球,在篮球到达终点线前追上者为获胜。

请你遵守:

(1)学生听到哨声后跑出,不得抢跑。
(2)在跑的途中,相互不得阻挠。

适用年级:

小学中、高年级。

21 喊号扶棍

你可以收获：

培养学生的反应速度和奔跑能力。

可以这样玩：

学生围圈站立，按1、2、3……编号，每人记住自己的号。任意1名同学在中间拿体操棒（棍）。游戏开始后，拿棍的同学将棍在地上立好，同时喊任意号，被喊的同学马上去扶棍，不能让棍倒下，再喊下一个号，依次类推。如被喊的同学没有扶住棍，则大家全都向外跑，直到被喊的同学拿到棍在原地喊"停"的时候，则必须都站住。这时被喊的同学可用棍去够离得最近的同学。被够到的同学要接受5个深蹲起的惩罚，然后由被惩罚的同学接着喊号，游戏继续进行。

请你遵守：

没接到棍时不能喊"停"；在喊"停"时，其他同学不得再跑。

适用年级：

小学高年级、中学。

跳跃类游戏

22 赶鸭子

你可以收获：

提高学生的灵敏素质、跳跃能力和躲闪能力。

你需要准备：

两根长竹竿。

可以这样玩：

在地上画两个大圆圈（代表池塘，大小视人数而定），准备两根长竹竿。将学生分成男、女两组后分别让他们进入圆圈内，各组选一人当赶"鸭"人，其他人都当"鸭子"。游戏开始，赶"鸭"人手持长竹竿，竹竿的另一头触地，来回奔跑赶"鸭子"，"鸭子"可以在圈内躲闪跑动，也可以从竹竿上跳过去，谁要是触竿就算失误，与赶"鸭"人互换。游戏继续进行。

请你遵守：

（1）竹竿的竿头必须触地，违者触及人无效。

（2）"鸭子"因躲闪跑出圈外为失误。

适用年级：

小学中、高年级。

23 快快跳起来

你可以收获：

培养学生互相配合、协同动作的能力，提高弹跳能力。

你需要准备： 4 根短绳。

可以这样玩：

将学生分成人数相等的若干队，各队间隔 2~3m，分别排成一路纵队，前后同学之间距离一大步。游戏开始，各队第一个人与第二个人手持短绳的一端，面对本队队员站在队前。教师发令后，各队持绳的队员共同持绳向队尾跑去，每个队员则依次迅速跳起来，让绳从脚下通过，持绳队员到队尾后，第一个人留在队尾，第二个人则持绳跑回排头与第三个人共同持绳继续向队尾跑去，如此依次进行，每人都做过持绳队员，最后以先跳完的队名次列前。

请你遵守：

（1）发令后才能开始比赛，必须按照规定的动作跳。

（2）短绳必须保持一定的高度，不得过高或者过低。

适用年级： 小学低、中年级。

24　8字跳长绳

你可以收获：

增强学生的下肢力量，培养学生良好的合作意识及团队精神。

你需要准备：

1根长绳。

可以这样玩：

摇绳者相对站立相距5m，手持1条长绳同时向1个方向摇动，其他学生排队依次连续从A摇绳人边跑向摇动的绳子并跳过，再从B摇绳人身后绕过重复上述动作，使整个跑动跳跃过程形成1个"8"字形。

请你遵守：

（1）必须按照规定的行进路线跑跳。

（2）若跑跳过程中有人未能跳过使摇绳中断，可继续比赛，但该次跳跃不计数。

适用年级：

小学高年级、中学。

25 多人跳长绳

你可以收获：

发展耐力素质，提高身体灵敏性，培养学生的合作精神，增强竞争意识和克服困难的优良品质。

你需要准备：

1根长绳。

可以这样玩：

两位同学负责摇绳，其他同学站在绳子中间，按照一定节奏共同跳绳。计时两分钟，次数多者胜。

请你遵守：

（1）绳子不能打到脚。

（2）领头人喊节奏。

适用年级：

小学高年级、中学。

26 跳绳捡物

你可以收获:

养成乐于探索跳绳方法的精神,感受跳绳的乐趣,增强身体协调性。

你需要准备:

跳绳。

可以这样玩:

三人一组,两人摇绳,一人站在跳绳中间。游戏开始后,中间的学生重复"捡沙包""丢沙包"的动作。两分钟内,重复次数多的队伍获胜。

请你遵守:

(1)摇绳人摇绳速度不能过快。

(2)捡的过程中,如果跳绳中断,则此次不计数。

适用年级:

小学中、高年级。

27 跳绳接力赛

你可以收获：

学习跳绳跑，提高动作的协调性和奔跑、跳跃的能力。

你需要准备：

4根短绳、4个标志物。

可以这样玩：

将学生分成人数相等的4个组，每组排头手持1根短绳站在起跑线后，面对正前方的标志物。教师发令后，迅速手摇绳向前跑出，绕过标志物，返回后交给下一名同学，自己站到队尾，第二名同学继续进行，如此依次进行，最后看哪组最先完成比赛。

请你遵守：

（1）跳绳如果失误，不能拖着绳跑，要从失误的地点开始继续跳绳跑。

（2）接到绳后才能越过起跑线。

适用年级：

小学低、中年级。

跳跃类游戏

28 夹球入筐

你可以收获：

锻炼身体的协调性及跳跃能力。

你需要准备：

呼啦圈，沙包若干。

可以这样玩：

将沙包放在两脚之间，游戏开始后，利用双脚将沙包投入 2m 远的呼啦圈中，计时一分钟，投入数量多者为胜。

请你遵守：

（1）沙包不得放在其他部位。

（2）教师可根据实际情况适当调整呼啦圈的距离或圆圈大小。

适用年级：

小学中、高年级。

29 袋鼠跳

你可以收获：

培养学生的灵敏素质、协调性和跳跃能力。

你需要准备： 2个软排球。

可以这样玩：

将游戏者分成人数相等的两个队，两队间隔一定距离成纵队站在起点线后。游戏开始，每队第一人听组织者信号，模仿小袋鼠，将软排球夹在两腿中间，用双脚跳跃前进，绕过标志物后返回，交给本组第二个人。第二个人按照第一个人的方法跳跃，依次进行，到最后一个人跑回起点线结束，以先完成的队伍为胜。

请你遵守：

（1）夹球跳跃过程中，球落地，则返回起点开始。

（2）过折返线后方可将软排球交给下一位同学。

（3）两队之间不得互相干扰。

适用年级： 小学高年级、中学。

30 单脚跳接力

你可以收获：

发展学生的腿部力量，提高跳跃能力。

你需要准备：

4个标志物。

可以这样玩：

把学生分成人数相等的若干队，分别排成一路纵队站在起跑线后，距离起跑线10m左右并排放4个标志物。教师发令后，各队排头用单脚连续跳，绕过标志物，换另一只脚跳回本队，与第二个人击掌完成交接，自己站到队尾，依次进行，先跳完的队名次列前。

请你遵守：

（1）发令或者击掌后才能起跳。

（2）中途不得换脚，但绕过标志物后必须换脚。

适用年级：

小学低、中年级。

31 跳背接力

你可以收获：

增强学生的下肢力量，提高弹跳能力，培养学生果敢的优良品质。

可以这样玩：

将学生分成人数相等的4个队，均成一列横队站立，队员之间间隔2m，体前屈双手扶膝成"山羊"，比赛开始，排尾向排头方向用分腿腾越方法，依次跳过本队所有"山羊"，然后以体前屈姿势站在排头右侧并举手示意，第二名同学看到后，马上继续进行，全队每人都跳完后，以先跳完的队为胜。

请你遵守：

（1）只能依次跳跃，不能间隔人跳。

（2）看到前一个人举手示意后，后一个人才能开始跳。

适用年级：

小学高年级、中学。

32 夹垫跳跃

你可以收获：

增强学生的下肢力量，提高弹跳能力。

你需要准备：

4块小体操垫、4个标志物。

可以这样玩：

将学生分成人数相等的4个队，分别成一路纵队站在起点线后，排头双腿夹住一块小体操垫做好准备。发令后，各队排头迅速夹紧体操垫向前跳跃，绕过标志物返回后，将体操垫交给下一名同学，自己站到本队队尾，下一名同学按同样的方法继续进行，看哪个队最先完成。

请你遵守：

（1）必须夹紧垫子跳跃。

（2）第二名同学夹紧垫子后才能越过起点线。

适用年级：

小学中、高年级。

33 猜拳跳圈

你可以收获：

发展学生的跳跃能力，培养学生的判断力。

你需要准备：

呼啦圈若干个。

可以这样玩：

学生两人一组，每人手拿一个呼啦圈面对面站在起点线。游戏开始，两人猜拳：石头、剪子、布，赢者把圈抛出去，然后跳进圈。游戏反复进行，先到目标者为胜。

请你遵守：

（1）每赢一次，只能跳一步。

（2）抛圈的距离应以自己能跳进去为准，跳不进去则犯规，回到原处。

适合年级：

小学低、中年级。

34 胜进败退

你可以收获：

发展学生的下肢力量和反应速度。

可以这样玩：

在场地上画两条相距40m的平行线为起点线。将学生分成人数相等的两队，各成纵队分别站在两条起点线后，彼此相对站好。游戏开始，教师发令后，两队排头做蛙跳跳向对面起点线，当两人相遇时，停下来猜拳，胜者继续向前跳，败者退出游戏回到本队队尾。与此同时，败者队的第二人立即起跳，与胜者相遇时，停下来猜拳，依次进行，最后以先达对方起点线的队为胜。

请你遵守：

（1）猜拳的负者须立即归队，不准阻挡对方前进。

（2）必须在猜拳后负方队员向回跑时，负方的下一个人才能起动跳出。

适用年级： 小学中、高年级

灵敏柔韧类游戏

35 角力拉人

你可以收获：

发展学生上肢力量及身体的柔韧性。

可以这样玩：

两人相对站立，各伸出左（右）脚，且脚内侧相抵，同时出左（右）手握住。游戏开始后，互相用力拉引，如果双脚离开原来的位置，则失败，另一方获胜。

请你遵守：

（1）对拉时，双方的一脚要始终相抵，手握紧不能松，以免摔倒跌伤。

（2）只能用一只手拉或引，不能借用身体其他部位。

适用年级：

小学高年级、中学。

36 你推我让

你可以收获：

发展学生身体的柔韧性,提高学生的灵敏素质。

可以这样玩：

学生两人一组,相距半米面对面站立,双脚略微打开。游戏开始后,两人通过双手推或拉,以及身体的躲闪,谁先使对方失去重心,双脚离开原位,则为胜利一方。

请你遵守：

在双手推拉和身体躲闪的过程中,如果一方失去重心,双手触地,即使脚没有离开原位,也算失败。

适用年级：

小学中、高年级。

37 冲出封锁区

你可以收获：

培养学生机智勇敢、果断的品质，提高学生奔跑、躲闪的能力及投掷的准确性。

你需要准备： 20个沙包，5个小体操垫。

可以这样玩：

在篮球场内画一条宽80cm的跑道，把学生分成人数相等的两队，一队攻，一队守。攻队成一路纵队站在端线后，面对跑道。守队分成两个组，分别站在两条边线后，队员面对跑道均匀散开。守队每人拿一个沙包。教师发令后，攻队一个跟一个沿着跑道向前冲，可以拿一个小体操垫进行保护。守队用沙包投击，被击中的队员暂时退出游戏，能安全通过的队员得一分。攻队往返各跑一次后，统计成绩后轮换，最后以得分多的队为胜。

请你遵守：

（1）攻队要按顺序跑，不得跑出跑道。

（2）只能攻击头部以下，不得向头部投掷。

适用年级： 小学中、高年级。

38 击龙尾

你可以收获：

培养学生灵活、敏捷、反应迅速的能力，提高投掷的准确性。

你需要准备： 1个软排球。

可以这样玩：

将学生分成人数相等的两组。一组为防守方，一组为攻击方，由一名学生持球准备掷击"龙尾"。游戏开始，圈外的人相互传递球，捕捉时机，掷击"龙尾"。"龙头"可以用手挡打来的球；"龙尾"则迅速奔跑躲闪，以避开来球。如果"龙尾"被球击中，则担任"龙头"，圈外的人，再打新的"龙尾"。游戏如此依次进行，直到全队均担任过"龙尾"并被击中为止；然后，两组互换角色，游戏继续进行。

请你遵守：

（1）掷击者必须站在圈外，不得踏、越线。

（2）只允许掷击"龙尾"身体头部以下的部位。

适用年级： 小学中、高年级。

39 套圈比快

你可以收获：

发展学生身体的柔韧性，提高学生的灵敏素质。

你需要准备：

10个铁环。

可以这样玩：

将学生分成人数相等的两路纵队。每一队前面摆5个铁环。游戏开始后，从排头开始，此次将5个铁环从头到脚或从脚到头穿过身体，然后交给下一位同学，直至最后一名同学全部套完5个铁环，最快完成的队伍获胜。

请你遵守：

（1）同组的同学不能相互帮助。

（2）一次只能套一个铁环，不能叠加在一起。

适用年级：

小学低年级。

40 渡河

你可以收获：

发展学生身体的柔韧性，提高学生的灵敏素质。

你需要准备： 10cm×20cm 硬木板 10 个。

可以这样玩：

画两条相距 10m 的平行线，作为游戏的起点、终点线，两条线之间为一条"河"。将学生分成人数相等的两个队，每个队又分成甲乙两个组，分别站在两条起点线后，各队间隔 4m。各队甲组排头学生拿两块硬木板。教师发令后，各队利用 5 块木板为活动的"垫脚石"，从排头开始依次向前挪动踩在脚下，渡过这条"河"，直至全队学生每人渡"河"一次为止，先完成的队为胜。

请你遵守：

渡"河"过程中脚不能触地，否则视为落入"河"中，该同学返回起点重新开始。

适用年级： 小学中、高年级。

41 乾坤大挪移

你可以收获：

培养学生的反应能力，集中注意力以及灵敏素质。

你需要准备：

体操棒若干。

可以这样玩：

两人一组相距1m面对面站立，用掌心按住体操棒。游戏开始后，在体操棒不倒的情况下迅速向对面跑动，并用手掌心去按住对面同学的体操棒。按要求完成得一分，三局两胜。

请你遵守：

（1）保持棒直立，用手掌心接触棒。

（2）不允许用手抓棒。

适用年级：

小学中、高年级。

42 抓尾巴

你可以收获：

培养学生机智、果断的品质，提高其躲闪能力。

你需要准备：

魔术带若干。

可以这样玩：

学生自由组合成两人一组，面对面站好，各自将魔术带当作"尾巴"放进背后腰间，用衣服扎紧；另一手去抓、拍对方同学的"尾巴"，既要想办法抓住对方的"尾巴"，还要不被对方同学抓住自己的"尾巴"，抓住一次得一分，看谁得分多。

请你遵守：

（1）不能转身跑掉。

（2）不能推撞同学。

适用年级：

小学中、高年级。

43 蚂蚁运物

你可以收获：

培养学生手脚协调的能力及灵敏素质。

你需要准备：

沙包若干。

可以这样玩：

学生站在起点后，双手撑地，正面朝上，将沙包放在胸前。在沙包不掉落的情况下，到达终点。用时最短，即为获胜。

请你遵守：

（1）行进过程中，沙包不能落地，若掉落，立即放好继续前进。

（2）行进过程中，不能用手或下巴触碰沙包。

适用年级：

小学中、高年级。

44 切西瓜

你可以收获：

培养学生的灵敏素质，提高动作敏捷性。

可以这样玩：

学生手拉手围成一个圈，游戏开始后，老师任意走到两人中间，用手向下从中间切开两人拉着的双手，两人立即向相反的方向跑一圈回到原来的位置，并看哪位同学最先握住老师的手。

请你遵守：

"西瓜"切开后，其他同学不能阻止两名同学跑动。

适用年级：

小学中、高年级。

45 绕人追击

你可以收获:

提高学生灵敏素质,培养学生团结互助的精神。

可以这样玩:

学生拉手围成一个圆圈,面向圆心站好。教师指定两名学生在圈外间隔 3~4m 站好,前面一名为逃者,后面一名为追者。发令后,逃者按逆时针方向迅速从站立者的手臂下逐个绕过,追者在两圈内追上逃者则为胜。教师再指定两个人站在圈外做追者和逃者,最初的两个人回到后面所指定的两个人的位置上拉手站好,按同样的方法继续进行。

请你遵守:

(1)追者和逃者必须从站立者的手臂下逐个绕过,违者为失败。

(2)站立者不得随意放下手臂缩小圆圈。

适用年级:

小学高年级、中学。

46 翻圈前进

你可以收获：

发展学生身体的柔韧性，提高学生的灵敏素质。

你需要准备：

呼啦圈若干。

可以这样玩：

将学生分成人数均等的两路纵队站在起点线前，在前方20m处放置一个标志筒，两队排头手拿呼啦圈。游戏开始后，排头用类似跳绳的方式将呼啦圈由脚到头穿过身体，绕过前面的标志桶回来后，拍手交给下一位同学依次进行，最后一位同学完成，用时最短的队伍获胜。

请你遵守：

（1）翻圈的过程必须在行进间完成。

（2）下一位同学须跟上一位同学拍手后才能继续进行。

适用年级：

小学中、高年级。

推小车

你可以收获：

学生两两结伴进行"推车"游戏，增强手部力量，提高身体平衡协调能力。

可以这样玩：

学生两人一组，一名学生身体伏地，双手撑地，两条腿用力蹬直，扮演小推车，另一名学生站在其后，抬起前一名学生的双脚，两人配合着向前行走。

请你遵守：

（1）"推车"人不能用力过猛，速度也不能太快。

（2）抬起靠近脚踝的部位，这样会更省力。

适用年级：

小学高年级、中学。

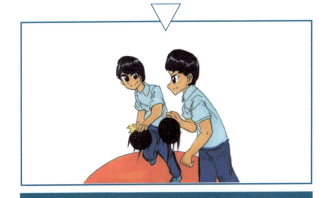

球类游戏

48 抱球跑接力

你可以收获：

增强学生上下肢力量，提高灵敏素质和奔跑能力，培养学生顽强拼搏的精神。

你需要准备：

2个篮球。

可以这样玩：

游戏开始前，于赛道两端排队，进行接力。游戏开始后（以哨声为信号），由两组学生分别抱住两个篮球起跑，到达赛道另一端后将篮球交给下一名学生。每组队员依次接力完成比赛。

请你遵守：

（1）球不能离手。

（2）不能抛球给下一名队员。

（3）接球后才能起跑。

适用年级：

小学高年级、中学。

49 四角篮球

你可以收获:

培养学生对篮球的热爱,通过比赛游戏培养学生团结协作的能力。

你需要准备:

1个篮球,4个呼啦圈。

可以这样玩:

将学生分为人数相等的两队,另有四名同学手持呼啦圈站在正方形场地的四角。游戏开始,两队按照篮球比赛的规则,向对方篮筐投球,另一方进行防守,规定时间内进球数量多的队伍获胜。

请你遵守:

(1)手拿呼啦圈的同学只能在限制区内移动。

(2)将球投入本方呼啦圈内不得分。

适用年级:

小学高年级、中学。

50 夹球运宝

你可以收获：

培养学生对篮球运动的兴趣，提高学生之间的协作能力。

你需要准备：

1个篮球。

可以这样玩：

学生两人背对背站立，站在起点线，身体中间夹1个篮球，两人双手握在一起，横走前进，绕过标志物返回，交给下一组同学，直到最后一组同学完成，用时最短的一组获胜。

请你遵守：

（1）游戏过程中，球不能落下。

（2）游戏过程中不得用手扶球，如果中途球掉了，捡起来夹好继续游戏。

适用年级：

小学高年级、中学。

51 运球接力

你可以收获：

培养学生球感及身体协调性。

你需要准备：

2个乒乓球，2个乒乓球拍，标志物。

可以这样玩：

学生分为人数相等的两组站于起跑线后。教师发令后，学生单手持乒乓球拍，将乒乓球置于球拍上，托球向前跑，绕过标志物返回，交给下一名同学。用时最短的队伍获胜。

请你遵守：

（1）途中若球落地，需捡起球置于球拍上，并退至掉球处。

（2）持球拍时手不得超出把手，手不得碰球。

适用年级：

小学中、高年级。

52 投球入筐

你可以收获：

提高学生的投掷能力，培养团队合作意识。

你需要准备：

若干软球，2个球筐。

可以这样玩：

两人一组间隔3m，一人拿筐，一人投球，投球者将球投入筐中。计时3分钟，投入筐中球数多的队伍获胜。

请你遵守：

（1）投球者不能越线。
（2）球落入筐内又弹出视为无效。

适用年级：

小学低、中年级。

53 运球截击

你可以收获：

培养学生对篮球运动的兴趣与爱好，有助于学生掌握运球技术动作。

你需要准备：

篮球若干。

可以这样玩：

在场地中央画出直径 5m 的圆，8 位学生每人手持篮球站在圆圈内。游戏开始后，每位同学开始运球，运球的同时用另一只手去断其他同学的球，每断一个球得一分，看规定时间内谁的得分最多。

请你遵守：

（1）运球时不能出圆圈，否则出局。

（2）必须在运球的同时用手去断球，否则无效。

适用年级：

小学高年级、中学。

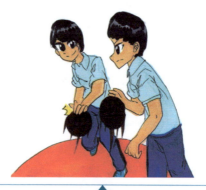

54 夹球接力

你可以收获：

提高学生动作的灵巧性，培养学生团队合作意识。

你需要准备：

1个软排球，若干体操垫。

可以这样玩：

将体操垫摆成平行的两排，中间间隔1m，学生分成两组面对面坐在体操垫上，第一位同学用双脚夹住1个软排球，游戏开始后，在球不落地的情况下将球依次传给后一名同学，计完成的总时间。

请你遵守：

（1）若球传递的过程中落地，须返回起点重新开始。

（2）球必须依次传递。

适用年级：

小学中、高年级。

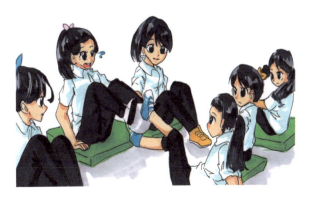

55 保龄球

你可以收获：

培养学生对投掷类运动的兴趣与爱好，发展学生的上肢力量。

你需要准备：

若干实心球，10个矿泉水瓶。

可以这样玩：

在一块平整的方形场地，画一条起掷线，在线前方15m处放1组矿泉水瓶，每组10个，按保龄球的排法立好，间隔以可以通过一个实心球为宜。游戏者纵队站立在线前手持实心球。游戏开始后，按正确的姿势向水瓶发射，每打倒1个水瓶计1分，看3轮过后谁的得分最多。

请你遵守：

（1）掷球时不得越线。

（2）水瓶的间隔不能太密。

适用年级：

小学中、高年级。

56 滚轮胎运球

你可以收获：

培养学生对球类运动的兴趣与爱好。提高学生身体协调能力。

你需要准备：

轮胎与篮球若干个。

可以这样玩：

将学生分成人数相等的两路纵队站在起点线前，排头的同学将一个篮球放入轮胎中。游戏开始，用手将轮胎向前推进，绕过前面的标志物后返回，到起点交给下一位同学，直到最后一位同学完成，看哪一组用时最短。

请你遵守：

（1）如球掉落，须捡起放入轮胎后继续游戏。

（2）交接时须跟下一位同学击掌后再进行。

适用年级：

小学低、中年级。

57 胯下传球接力

你可以收获：

培养学生对球类运动的兴趣，发展学生的灵敏素质。

你需要准备：

篮球或足球若干。

可以这样玩：

将学生分成人数相等的两组，各成一路纵队站立，双脚分开，前后两人尽量贴近。每组第一个人拿好球做准备。听到开始的口令后，每队第一个人迅速把球从胯下向后滚，通过每个人的胯下后到队尾，再由队尾的同学拾起球迅速跑到排头，再重复前面动作，以先完成的小组获胜。

请你遵守：

（1）球必须通过每个人的胯下到队尾。

（2）如球停在中间则由附近的同学接着向后滚。

适用年级： 小学低、中年级。

58 三角障碍跑

你可以收获：

发展学生奔跑的能力，以及下肢力量。

你需要准备：

6根标志杆，3个软球。

可以这样玩：

将6根标志杆前后间隔1m摆成一个等边三角形。每一个"角"前面放置一个软球。游戏开始后，游戏者从起点出发，捡起球后绕过障碍跑到第二个"角"换球，换到第三个球后跑回终点，计完成总时间。

请你遵守：

（1）换球时，球须放在固定位置。

（2）依次绕过每一根标志杆。

适用年级：

小学高年级、中学。

59 掷准比赛

你可以收获：

培养学生投掷的准确性。

你需要准备：

若干垒球。

可以这样玩：

在起点线约 15m 处画两个同心圆，半径分别为 2m 和 3m。将游戏者分成人数相等的两组，成纵队立于起掷线后，每人 3 个垒球。游戏开始后，排头先向圆心投球，投进小圆得 2 分，投进大圆得 3 分。投完 3 球后下一位同学再投。依次类推。全组投完后，累计得分多者为胜。

请你遵守：

（1）压线按分少的计算。
（2）投球时脚不得越线。

适用年级：

小学低、中年级。

合作类游戏

60 抢滩渡河

你可以收获：

提高学生灵敏素质，发展学生快速跑动的能力。

你需要准备：

体操垫若干。

可以这样玩：

每个小组选出一名同学做"急先锋"，并将垫子摆在起点处。游戏开始后，这名"急先锋"只能在垫子上爬行，小组其他的同学通过接力的方式将垫子依次摆成一条直线，最先到达终点的小组获胜。

请你遵守：

（1）"急先锋"只能在垫子上爬行。

（2）小组的垫子需依次并拢成一条直线。

适用年级：

小学中、高年级。

61 不倒森林

你可以收获：

让学生充分认识合作的重要性，提高身体协调性。

你需要准备：

若干体操棒。

可以这样玩：

参与挑战的学生围成一个圆圈，每个人一根体操棒，用手掌心按住体操棒，在体操棒不倒的情况下迅速向前移动，并用手掌心按住前面同学的体操棒，成功挑战5步为合格，9步为优秀。

请你遵守：

（1）保持体操棒直立，不允许用手抓，也不允许身体其他部位接触体操棒。

（2）每次有一根体操棒倒就算失败，则重新开始计数。

适用年级：

小学高年级、中学。

62 步调一致

你可以收获：

培养学生团结协作、步调一致的能力。

你需要准备：

2 条 1.5m 长与学生脚同宽的木条，在木条上钉上 3 条松紧带。

可以这样玩：

三名学生一组，前后同时站在两根木条上面，把脚伸进钉好的松紧带内。听到游戏开始的口令后，同时迈左脚或右脚一齐向前走，最先到达终点的队伍获胜。

请你遵守：

（1）后面学生的双手要搭在前一名同学的肩上。

（2）要按照一定节奏前进。

适用年级：

小学高年级、中学。

63 同起同坐

你可以收获：

锻炼小组的团结协作能力，培养学生不畏困难的意志品质。

可以这样玩：

两人一组背对背站立，双手挽在一起，当教师发出"起立"或"坐下"口号时，两人同时完成起立或坐下的动作。

请你遵守：

（1）坐下时，两人双腿要伸直。

（2）起立过程中，两人双手不能松开。

适用年级：

小学中、高年级。

64 乒乓接龙

你可以收获：

培养学生的团队合作意识。

你需要准备：

乒乓球，PVC 管若干。

可以这样玩：

小组的每位同学手拿一根 PVC 管站在起点线前。游戏开始，将一个乒乓球放入 PVC 管内，从排头开始依次传递，直至传到终点。先传至终点的一组获胜。

请你遵守：

（1）PVC 管只能对接不能重叠。

（2）传递过程中，乒乓球只能前进不能后退。

（3）乒乓球不能落地，若落地则需返回起点重新开始。

适用年级：

小学高年级、中学。

65 无敌风火轮

你可以收获：

锻炼学生的身体协调性，培养团队协作能力。

你需要准备：

呼啦圈若干。

可以这样玩：

以小组为单位手拉手站成一排，排头手持呼啦圈。游戏开始后，在不借助外力的情况下将呼啦圈传至最后一个人，用时少的组胜利。

请你遵守：

（1）传递过程中，手不能松开。

（2）传递过程中，不能用手帮忙。

适用年级：

小学中、高年级。

66 车轮滚滚

你可以收获：

培养学生的团队合作意识和团队精神，在游戏中学会如何去解决团队冲突。

你需要准备：

使用报纸或者牛皮纸、胶带、剪刀制作的传送带。

可以这样玩：

小组所有人站在传送带上，且所有参与人员的双脚不可以踩传送带以外的地面，同时移动到规定位置。哪组最快到达指定位置，哪组就获得胜利。

请你遵守：

（1）所有的人必须站在传送带上。

（2）行进步伐要一致。

适用年级：

小学高年级、中学。

67 多人多足

你可以收获：

增强学生的下肢力量，培养学生同心协力的精神。

你需要准备： 细绳若干。

可以这样玩：

每队选取 10 名队员，两三个人一组，两三人的其中一只脚绑在一起；比赛在起点处开始，至对面标志处折回，返回至起点处，再将绳子解开后，交给下一组队员进行比赛，最后以完成时间长短进行排名。

请你遵守：

（1）细绳必须捆在脚踝上，并捆紧，如中途松开需系好再前进。

（2）中途若有人摔倒，应立即停下来，等重新准备好再前进。

适用年级： 小学中、高年级。

68 开火车

你可以收获：

培养学生合作意识以及配合默契度。

可以这样玩：

学生分为人数相等的两组，每组同学前后站立，在起点线后蹲下。后面同学的双手依次搭在前面同学的肩膀上。游戏开始，按照一定节奏向前跳跃移动，以最短时间到达终点的队伍获胜。

请你遵守：

游戏过程中双手不能离开前面同学的肩膀。

适用年级：

小学低、中年级。

69 毛毛虫

你可以收获：

培养学生手脚并用的能力，提高团队协作意识。

可以这样玩：

两组学生成两路纵队蹲在起点线后，后面同学依次抓住前面同学的小腿或脚踝。游戏开始，按照一定节奏向前行进，最先到达终点的队伍获胜。

请你遵守：

（1）行进过程中，手不能松开，若松开需在原地摆好后再出发。

（2）胜负以队尾同学到达终点为准。

适用年级：

小学中、高年级。

70 螃蟹行走

你可以收获：

发展学生的灵敏性、协调性，培养学生的合作精神。

可以这样玩：

人数相等的两组学生，蹲在起点线后，双手搭在相邻同学的肩膀上。游戏开始后，按照一定的节奏蹲着向前行进，看哪一组同学最先到达终点。

请你遵守：

游戏过程中，双手必须搭在相邻同学的肩上。

适用年级：

小学中、高年级。

71 齐心协力

你可以收获：

提高身体的协调性及动作的节奏感；培养学生合作学习的能力，体验团结协作的乐趣。

你需要准备： 若干体操棒、篮球和标志物。

可以这样玩：

将学生分成 4 人一组，用 4 根体操棒，将篮球托住，站于起点线后。游戏开始，教师发令后，各组学生立即快速向前走，并绕过前面的标志物返回起点，最后以速度快、掉球次数少的组为胜。

请你遵守：

（1）行进时手不得扶球。

（2）若行进中球掉下，必须在掉球处捡回重新托好，才能继续进行。

适用年级： 小学中年级。

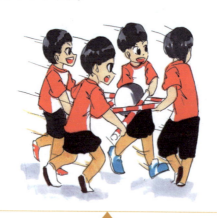

72 突围

你可以收获：

增强学生的灵敏素质，提高快速移动能力，培养学生果断勇敢的品质。

可以这样玩：

将学生分成两队，一队为包围队，一队为突围队。包围队拉手成圈将突围队围在圆圈里。包围队选出一名同学为队长来指挥包围队同学顺、逆时针移动或者蹲下起立、收缩、后退等，突围队同学可以趁机从包围队同学的手臂下钻过去，如被包围队同学的手臂碰到则算失误，马上退出比赛，包围队得1分，如突围成功则突围队得1分。游戏过程中，双方可交换角色比赛，看哪队得分多。

请你遵守：

（1）突围时如被对方手臂碰到则算失误。

（2）不能故意阻挡、拉拽突围同学。

适用年级： 小学高年级、中学。

73 竹竿舞

你可以收获：

培养学生团队协作意识以及克服困难的意志品质。

你需要准备：

若干竹竿。

可以这样玩：

学生6人或8人一组，其中4人用4根竹竿摆成"井"字形，并按照"开合、开合、开开合"的节奏将竹竿打开与合拢，另外2人或4人从竹竿中间依次跳过。

请你遵守：

跳竹竿舞的过程中碰到脚视为淘汰。

适用年级：

小学中、高年级。

74 齐眉棍

可以这样玩：

培养学生相互配合、相互协作的能力

你可以收获：

1根长3m木棍。

可以这样玩：

游戏者每人伸出一个手指托住木棍，同时蹲下来。游戏开始，一起缓缓将木棍升至眉毛处，并站立。整个过程中，所有同学的手指都不能离开木棍，否则失败，重新开始。

请你遵守：

出现手指离棍的情况，则重新开始游戏。

适用年级：

小学高年级、中学。

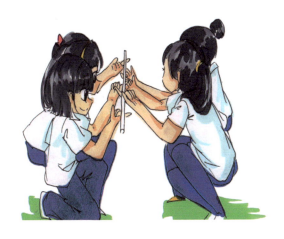

75 骑"车"竞赛

你可以收获：

增强学生的下肢力量，培养学生良好的合作意识。

你需要准备：

4个标志物。

可以这样玩：

将学生分成人数相等的两队，每队三人一组成纵队站在起点线后。第一组外侧两人将手相拉，中间一人将双手分别放在外侧两人肩上，一腿抬起放在外侧两人的手臂上成"车"状，比赛开始，三人协同跑出绕过标志物返回，拍击后面一组的手，后面同学开始游戏。

请你遵守：

（1）跑动过程中手臂不能松开。

（2）返回后必须拍击后面同学的手。

适用年级：

小学高年级、中学。

76 "火车"赛跑

你可以收获：

增强学生的下肢力量和动作的协调性。

可以这样玩：

画两条相距 10m 的平行线，一条为起点线，一条为终点线。将学生分成人数相等的 4 个队，分别成纵队站在起点线后。第二名同学把左脚伸给第一名同学，左手握住第三名同学伸来的脚，右手搭在第一名同学的肩上。依此类推。排头不伸脚，排尾不握脚，像一列"火车"。发令后，各队按照一个节奏向前跳动，排头可以走步，"车头"先到终点线的队为胜利。

请你遵守：

（1）游戏时"火车"脱节，必须在原地接好才能前进。

（2）伸出的脚落地必须重新握好。

适用年级：

小学高年级、中学。

热身类游戏

77 领头羊

你可以收获：

发展学生的慢跑能力，培养学生的领导意识。

可以这样玩：

所有学生在一定范围内自由慢跑，当听到教师喊"停"，就要迅速找到相邻的同学进行"石头、剪刀、布"，输的同学要抱住赢的同学的腰部继续慢跑，等待下一轮"石头、剪刀、布"。经过几轮游戏后，最终会有一名同学成为"领头羊"。

请你遵守：

跑步时按照一定的节奏，不要过快。

适用年级：

小学中、高年级。

78 听数抱团

你可以收获：

培养学生的应变能力，增强团队意识。

可以这样玩：

学生沿圆圈跑步，教师突然喊出一个数字，例如"2""3""4"…学生听到数字后，立即与邻近的同伴按教师所喊出的数字抱成一团。最后没有抱成团的同学表演节目。

请你遵守：

（1）不能用推、拉等动作挤出已抱成团的人。

（2）喊数后，教师读"秒"，限制学生反应的时间。

适用年级：

小学低年级。

79 木头人

你可以收获：

发展抗干扰的能力，培养坚持不懈的品质。

可以这样玩：

选出一人为干扰者，其余学生围圈顺时针慢跑，当干扰者说出"木头人"时，其他同学立即保持静止状态，干扰者可以到其他同学面前进行干扰，如果木头人动了则为失败。

请你遵守：

（1）干扰者不能直接接触"木头人"，只能通过表情、动作进行干扰。

（2）"木头人"面部动了也为失败。

适用年级：

小学中、高年级。

80 理财专家

你可以收获：

用于热身和准备活动，提高学生配合默契度。

可以这样玩：

游戏开始前，学生围成大圆圈顺时针跑，男生为5毛，女生为1块。游戏开始，教师喊出一个钱数（比如3块5、6块），学生迅速找到其他同学抱在一起组成要求达到的数额，未组成正确组合的同学为大家表演一个节目。

请你遵守：

（1）不能用推、拉等动作挤出已抱成组合的人。

（2）喊数后，教师读"秒"，限制学生反应的时间。

适用年级：

小学高年级、中学。

81 口香糖

你可以收获：

培养学生的应变能力，增强团队意识。

可以这样玩：

游戏开始时，教师说："口香糖，黏又黏。"学生发问："黏哪里？"教师开始发令，比如"五个人的右腿"。则所有人必须迅速找到另几个人的右腿黏在一起。落单的同学表演节目。

请你遵守：

（1）口令清晰响亮。

（2）不能故意拆散已经组好的队伍。

适用年级：

小学低、中年级。

82 抢车位

你可以收获：

用于热身与准备活动，提高学生练习前的兴奋性。

你需要准备：

4个铁圈。

可以这样玩：

学生按1~5进行报数，每个人记住自己的数字。画一个直径10m的圆，圆心处摆放4个铁圈。游戏开始，所有同学沿着圆圈进行顺时针慢跑，听到教师喊出某一个数字，例如"5"，代表数字5的同学要立即跑到中间去站到铁圈中，表示抢到"车位"，未抢到的同学做5个蹲起。

请你遵守：

须双脚站到铁圈中则视为抢到。

适用年级：

小学低、中年级。

83 松鼠与大树

你可以收获：锻炼团队成员的反应能力。

可以这样玩：

事先分组，1～3报数，2为"松鼠"，其他为"大树"。三人一组：两人扮"大树"，面对对方，伸出双手搭成一个圆圈；一人扮"松鼠"，站在圆圈中间。喊"猎人来了"，扮演"松鼠"的人就必须离开原来的"大树"，重新选择其他的"大树"，教师临时扮演"松鼠"并插到"大树"当中，落单的人应表演节目；喊"着火了"，扮演"大树"的人就必须离开原先的同伴重新组合成新"大树"，并圈住"松鼠"，教师就临时扮演"大树"，落单的人应表演节目；喊"地震来啦"，扮演"大树"和"松鼠"的人全部打散并重新组合，扮演"大树"的人也可扮演"松鼠"，"松鼠"也可扮演"大树"，教师亦插入队伍当中，落单的人表演节目。

请你遵守：搭建好的"大树"不得重新与他人组合。

适用年级：小学高年级、中学。

84 蹲下与起立

你可以收获：

锻炼学生的灵活性及反应能力，可用于热身与练习前准备活动。

可以这样玩：

学生站成一列横队，首先记住自己位置。游戏开始后，教师会随意喊出一个数字，例如"2"，那么从左边开始两个同学就应该蹲下，然后马上起立，紧接着教师喊出"3"，前两个同学后面三个同学就应该接着蹲下与起立，依此方式顺序循环。如果哪位同学没有反应或做错了则算失败。

适用年级：

小学中、高年级。

85 解手链

你可以收获：

培养学生团队合作的意识，遇到困难不畏惧的心理素质。

可以这样玩：

游戏者围成一个向心圈，先举起右手，握住对面人的手；再举起左手，握住另外一个人的手。现在大家面对一个错综复杂的问题，开始团队互动游戏，在不松开手的情况下，想办法把这张乱网解开。

请你遵守：

游戏过程中手握好后不能随意松开。

适用年级：

小学高年级、中学。

体育创意游戏100个
——让孩子们一起玩到嗨

室内游戏

86 猜猜谁是领头人

你可以收获：

培养学生善于观察的能力。

可以这样玩：

游戏中先选一名同学当侦察员，将其眼睛蒙上或到室外等候，由游戏组织者指定一名同学当领头人，大家模仿领头人做动作，在领头人不断变化动作时，由侦察员开始猜领头人，可猜三次，如猜中，领头人则表演一个节目，三次未猜中则由侦察员来表演节目。

请你遵守：

（1）不得暗示或指点侦察员。

（2）领头人可做刷牙、洗手、吹喇叭等动作，不断变换，全班学生立即跟着变。

适用年级：

小学低、中年级。

87 传秘密口令

你可以收获：

锻炼学生的反应能力，培养学生的团结合作意识。

可以这样玩：

全班学生分成人数相等的若干小组，也可按学生自然小组进行，由教师悄声告诉各小组第一位学生一个口令，如"集合""立正"等，教师说开始，各组第一位学生悄声告诉同组的第二位学生，依次后传，最后一位学生将收到的口令在黑板上写出来，最后由教师判定哪一组口令最准确且速度最快。

请你遵守：

（1）各小组悄声传口令时，不能让其他小组的学生听到。

（2）最准写出口令且最快的小组为胜。

适用年级：

小学中、高年级。

88 大小西瓜

你可以收获：

锻炼学生的反应能力。

可以这样玩：

当教师说出"大西瓜"的时候,学生的手就要击掌；当教师说出"小西瓜"的时候,学生两只手必须摆出抱着一个大西瓜的形状。

请你遵守：

说的和做的必须相反。

适用年级：

小学低年级。

89 明7暗7

你可以收获：

培养学生的逻辑思维及反应能力。

可以这样玩：

学生坐成一圈，第一位同学由"1"开始报数，依座次"2""3""4""5""6"，到"7"时不能喊出来，以击掌代替，当数到"14""17"也是如此，出错或太慢则表演节目。

请你遵守：

（1）逢含7的数字或7的倍数均以击掌代替。

（2）每人报数时要让全班同学听清楚。

适用年级：

小学中、高年级。

90 萝卜蹲

你可以收获：

培养学生的反应能力及默契程度。

可以这样玩：

4个人一组，分成若干组，将每组用不同的颜色命名。比如现在我们有三组参与者，于是命名为：黄萝卜、蓝萝卜、绿萝卜。随机选中其中一组为开始组，这组成员边做蹲起动作的同时边说"X萝卜蹲，X萝卜蹲，X萝卜蹲完Y萝卜蹲。"说完的同时用手指相应的Y萝卜组。

请你遵守：

（1）游戏过程中可以逐渐加快速度。

（2）动作不一致或停顿则淘汰。

适用年级：

小学低年级。

91 写字比快

你可以收获：

培养学生的团队协作能力。

可以这样玩：

将学生分为人数相等的两队，教师说出一个字，从第一位同学开始到黑板上写字，每人只能写一笔，最先完成这个字的队伍获胜。

请你遵守：

（1）每位同学只能写一笔，多写无效。

（2）书写认真、清晰。

适用年级：

小学低、中年级。

92 抓住机遇

你可以收获：

提高学生的反应力、注意力。

可以这样玩：

两人一组，左手成掌，右手伸出大拇指放在对方同学的掌心下面。游戏开始，教师开始念一段话，如果这段话出现"小"字，迅速抓住对方大拇指，另一只手迅速躲避。被抓住者为大家表演节目。

请你遵守：

没有提到"小"字就行动，为失败。

适用年级：

小学高年级、中学。

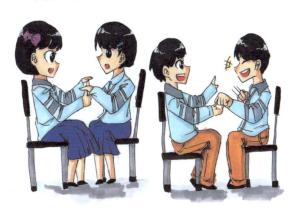

93 前方有难 后方支援

你可以收获：

培养学生的反应能力和奉献精神，有助于增加班级的凝聚力。

可以这样玩：

先选出作战队员、运输队员和后面的队员。游戏开始时，教师说"前方有难"，作战队员说"后方支援"，其余的人大声说"支援什么"，然后教师随便说一个物品及数目，后面的队员收集齐后交给运输队员，然后运输队员单脚跳到前方将物品送到作战队员手中，最快将数目正确的物品送到作战队员手中的队伍胜利。

请你遵守：

物品必须是随身携带的，数目要准确。

适用年级：

小学低、中年级。

94 击掌传物

你可以收获:

通过传递物品,训练学生反应速度。

可以这样玩:

全班同学室内坐好,选出一人背对大家击掌,掌声响起时学生开始传递物品,掌声停止物品也不能再继续传递。物品在谁手中,谁就为大家表演节目。

请你遵守:

(1)如果物品正好在两人手中,则两人可通过猜拳方式决定负者。

(2)要按照一个顺序进行传递,不可以传错方向。

(3)传物品时每个人都必须传到,不可以跳传或者漏传。

适用年级:

小学低年级。

民族传统类游戏

95 编花篮

你可以收获：

增强学生的腿部力量及跳跃能力，培养学生相互配合的能力，体验游戏的乐趣。

可以这样玩：

学生3~8人一组，背向站立，每人右腿弯曲，以脚背钩在邻近一人的膝关节处或左手中，同时自己也被另一侧的人钩住，组成一个大"花篮"。游戏开始，大家一边说唱，一边按节奏单脚跳转圈，最后以坚持时间长的组为胜。

请你遵守：

（1）必须用脚背钩住临近人，脱节为失败。

（2）游戏中应连续跳跃并旋转，不得停止不动。

适用年级：

小学中、高年级。

96 滚铁环

你可以收获：

提高学生的灵敏素质、奔跑速度和控制铁环的能力。

你需要准备：

4副铁环、4个标志物。

可以这样玩：

将学生分成人数相等的4个队，每队站在起点线后成一路纵队，起点线上放4副铁环，线前15m处放一个标志物。比赛开始，排头快速推动铁环向前跑出，绕过标志物后返回，以接力的形式进行，看哪组最先完成。

请你遵守：

（1）推动铁环时应跑直线。

（2）绕标志物时可以拿起铁环。

（3）不得在起点线前接铁环。

适用年级：

小学中、高年级。

97 小小角斗士

你可以收获：

发展学生的灵敏素质，培养学生对民族传统游戏的兴趣。

可以这样玩：

平整场地中间画一个直径2m的圆，学生两人一组站在圆中间。游戏开始，两人同时用一只手握住脚踝放置于腿前，单脚着地，然后去攻击对方，使对手失去平衡或离开圆圈为获胜。

请你遵守：

（1）只能借助抬起的腿去攻击对方。

（2）游戏过程中不能出圈。

适用年级：

小学中、高年级。

98 拔河

你可以收获：

培养学生的集体主义精神和坚毅、顽强的意志，增强学生的力量。

你需要准备： 1根拔河绳。

可以这样玩：

在场地上画三条平行的短线，间隔1.5m，中间的为中线，两边的为"河界"，拔河绳中间系一根红带子为标志带。将拔河绳垂直于中线放在场地中间，并使标志带对准中线。把学生分成人数相等的两队，每队选指挥员一人，其余队员分别站在"河界"线后拔河绳两侧，对面间隔站立。教师发出"预备"令后，双方队员站好位置，拿起绳拉直，做好准备。这时绳上标志带应垂直于中线。教师发"开始"令后，双方在指挥员的指挥下，一齐用力拉，把标志带拉过本队"河界"的队为胜。

请你遵守：

发令后才能够用力拉；拔河时不得借助外力。

适用年级： 小学高年级、中学。

99 象步虎掌

你可以收获：

发展学生的灵敏素质，培养学生对民族传统游戏的兴趣。

可以这样玩：

在地面上画两条相距50cm的平行线，两人各站线的一边，站定后双脚不能移动，然后伸出双掌相抵。发令后，双方用巧力向前推出或向后缩让，使对方脚掌移离原位即可得分。

适用年级：

小学中、高年级。

大城小城

你可以收获：

提高学生的反应能力，培养学生对民族传统游戏的兴趣。

可以这样玩：

在场地中间分别画两个直径2m和3m的同心圆，分别代表大城和小城，再在圆外画3处弧形的区域，分别代表"皇帝""宰相"和"官员"。学生自由组合进入三块区域，游戏开始后，"皇帝"发号施令，其他同学须按照口令内容做，如完成不了，则淘汰。如"皇帝"本人完成不了，则由"宰相"发口令，看谁能坚持到游戏最后。

适用年级：

小学中、高年级。

后记

只为成为一位有想法的体育教师

2010年6月,我从长江大学体育学院毕业,怀揣着对教育,以及教师职业的一股热忱,成为一名大学体育教师。2013年9月,我来到了武汉经济技术开发区洪山小学,还是一名体育教师,不过授课对象从大学生换成了小学生。小学体育教学内容以游戏为主,孩子们喜欢玩游戏,并乐此不疲。为了使孩子们喜欢我的体育课,我开始广泛收集与整理适合青少年身心发展的体育游戏,并运用于教学中。但能收集到的体育游戏资源基本是图文资料,对于一名学习者来说,既不方便,也费时费力。

我校非常注重教师个人成长及专业化发展,邀请"微课程创始人"李玉平老师来校指导教师进行个人课程的开发,我们称之为"私人订制"。李老师说:"每一位教师都可以成为课程的开发与研究者,在其所擅长的某一个领域都是专家。"这句话使我深受启发,思维方式在慢慢变化。在学习了相关的微课程技术后,我为什么不将这些仅有图文资料的体育游戏进行可视化开发呢?于是,我说干就干!一部摄像机,一台计算机,我开始了个人体育游戏微课程的开发之路。我先后多次随李玉平老师游学与培训,特别是2015年12月我参加了全国第七期微课程开发与研究公益培训班，李玉平老师与深圳市龙岗进修学校雷斌老师的指导，让我更加坚定了体育游戏微课程开发的信心。后来我将开发的课程制作成了码书与码课，并上传到了腾讯视频及百度传课，还开通了个人体育游戏系列微课程公众平台，慢慢的有更多的教师关注了我的课程。2016年10月，我尝试网络直播，与全国各地的一线教师分享我开发微课程的经历，这是一次有趣的体验。也正是这次直播，让我成了"网红"教师，先后接受了《长江日报》、武汉教育电视台、湖北广播电台与新华网等多家媒体的采访与报道。我开始品尝到了课程开发以及将自己的成果与他人分享的喜悦与成就感。

这本《体育创意游戏100个——让孩子们一起玩到嗨》也仅仅是一个开始，教师个人课程开发与研究永远都在路上，我会坚定不移地走下去，并带领更多的一线教师踏上这条研究之路。在此书即将问世之际，要特别感谢李玉平老师的引领与指导，感谢叶丹校长不遗余力的支持，感谢学校微课程开发精英团队的帮助，特别是杨清威、庄雪颖与孙小林三位老师在微课程拍摄与制作方面的协助，最后要感谢一位特殊的小助手——洪山小学毕瑞嫒同学，本书中所有的卡通画插图，均出自她的手绘，了不起的孩子！这是我的第一本码书码课，凝结了我近两年的心血，也凝结着大家的智慧，衷心谢谢你们！

柳田牛
2017年1月